CATALOGUE

D'UNE COLLECTION DE

TABLEAUX

PEINTS PAR M. DIAZ.

PARIS,

IMPRIMERIE ET LITHOGRAPHIE MAULDE ET RENOU,

Rue Bailleul, 9 et 11

1850

CATALOGUE

d'une Collection

DE

TABLEAUX

Peints par M. DIAZ [de la Pena]

dont la vente aura lieu

LE SAMEDI 30 MARS 1850, A DEUX HEURES,

HOTEL DES VENTES MOBILIÈRES,

Rue des Jeuneurs, n° 42,

Salle n° 1,

Par le ministère de M° RIDEL, Commissaire-Priseur,

RUE SAINT-HONORÉ N° 333,

ssisté de M. SCHROTH, Appréciateur, rue de la Fontaine-Molière, n° 33.

Chez lesquels se distribue le présent catalogue.

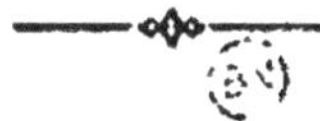

Exposition publique

Le Vendredi 29 Mars 1850, de midi à cinq heures.

PARIS,

IMPRIMERIE ET LITHOGRAPHIE DE MAULDE ET RENOU,
rue Bailleul, n. 9 et 11, près du Louvre.

3915

1850.

CONDITIONS DE LA VENTE.

La vente est faite au comptant.

Les acquéreurs paieront cinq pour cent en sus des
enchères applicables aux frais.

DÉSIGNATION

DES

TABLEAUX

N° 1.

—

Femme au bain; l'Amour lui offre un collier. *360*

N° 2.

—

Une Baigneuse surprise par des Amours. *850*

N° 3.

—

Les Présents d'Amour.

N° 4.

—

Vénus désarme les Amours.

N° 5.

—

Le Temple d'Amour.

N° 6.

—

L'Assomption de la Vierge.

N° 7.

—

La Récompense du génie.

N° 8.

—

La Rivale.

N° 9.

—

La Prudence.

———

N° 10.

—

Baigneuse tourmentée par l'Amour.

———

N° 11.

—

La Reine des Amours.

N° 12.

—

Calisto écoute les conseils de l'Amour.

N° 13.

—

Réveil de Jésus.

N° 14.

—

L'Amour puni; on lui coupe les ailes.

N° 15.

—

Les Baigneuses.

N° 16.

—

Les Braconniers.

N° 17.

—

— Nymphe entourée d'Amours.

N° 18.

—

Le Puits d'Amour.

N° 19.

—

Combat des Amours.

N° 20.

—

Plateau de la Mare, près la Gorge-aux-Loups.

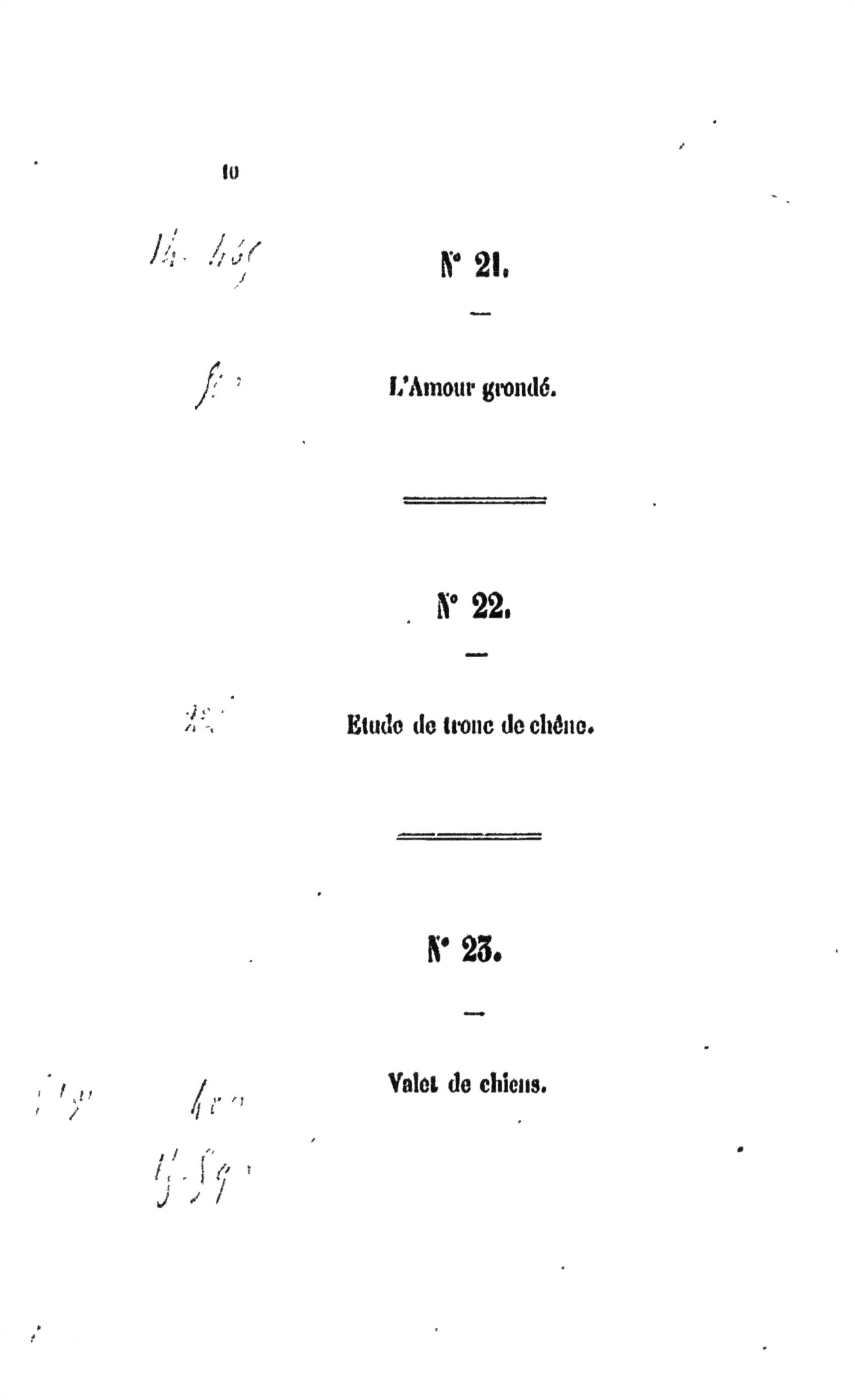

N° 21.

—

L'Amour grondé.

N° 22.

—

Etude de tronc de chêne.

N° 23.

—

Valet de chiens.

IMPRIMERIE
MAULDE et RENOU
rue Bailleul, 9-11.

* 9 7 8 2 3 2 9 0 7 7 2 9 1 *